So wird es gemacht:

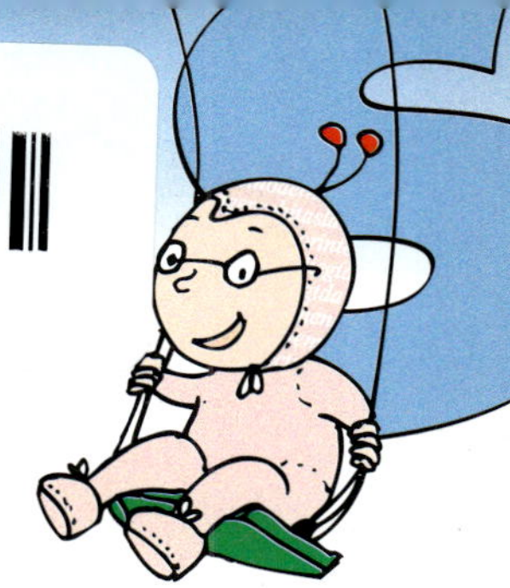

Öffne das LÜK®-Kontrollgerät und lege die Plättchen in den unbedruckten Deckel!
Jetzt kannst du auf den Plättchen und im Geräteboden die Zahlen 1 bis 24 sehen.

Beispiel: Seite 2
Bildergeschichte – Einzelbilder

Nimm das Plättchen 1 und sieh dir Aufgabe 1 an! Auf welchem Bild passiert das? Die richtige Antwort lautet: 3. Bild. Zur richtigen Antwort gehört die Zahl 6. Die 6 ist auch die Feldzahl im Lösungsgerät, auf die du das Plättchen 1 legst, also Plättchen 1 auf das Feld 6 im Geräteboden!
Die Zahl **1** muss nach oben zeigen.

So arbeitest du weiter, bis alle Plättchen im Geräteboden liegen. Schließe dann das Gerät und drehe es um! Öffne es von der Rückseite!

Wenn du das bei der Übungsreihe abgebildete Lösungsmuster siehst, hast du alle Aufgaben richtig gelöst.

Passen einige Plättchen nicht in das Muster, dann hast du dort Fehler gemacht. Drehe diese Plättchen da, wo sie liegen, um, schließe das Gerät, drehe es um und öffne es wieder!
Jetzt kannst du sehen, welche Aufgaben du falsch gelöst hast. Nimm diese Plättchen heraus und suche die richtigen Ergebnisse!
Kontrolliere dann noch einmal!
Stimmt jetzt das Muster?
Das System ist für alle Übungen gleich: Die roten Aufgabennummern im Heft entsprechen immer den LÜK-Plättchen aus dem Kontrollgerät.
Die Feldzahlen bei den Lösungen sagen dir, auf welche Felder im Kontrollgerät die Plättchen gelegt werden.
In diesem Heft ist die Kontrolle nach Lösung der Aufgaben 1 bis 12 möglich. Wenn du nur 12 Aufgaben lösen willst, lege nur diese Plättchen in das Kontrollgerät.

Und nun viel Spaß!

Dieses Papier wurde aus chlorfrei gebleichtem Zellstoff hergestellt.

Bildergeschichte – Einzelbilder

Ein Fernsehabend

E = Einleitung

1. Bild

2. Bild

Auf welchem Bild passiert das?

		1. Bild	2. Bild	3. Bild	4. Bild
		Feldzahl			
1	Die Vase kippt um.	3	2	6	8
2	Fassungslos guckt Tom auf den Ball im Tor.	12	8	5	9
3	Das Mädchen lässt das Buch sinken.	11	1	9	6
4	Tom und Tina sitzen im Wohnzimmer.	5	10	11	3
5	Dann schreit sie vor Entsetzen auf.	4	9	12	7
6	Beide Kinder lesen in aller Ruhe.	10	12	8	2
7	Mit einer Flasche stößt Tom die Vase um.	2	7	3	5
8	Zwischen dem Fernseher und dem Tisch bleibt er stehen.	9	11	7	10
9	Tina warnt Tom mit ausgestrecktem Arm.	6	5	2	11
10	Der Fernsehapparat ist noch nicht eingeschaltet.	8	3	1	4
11	Nun liegt das ganze Tablett am Boden.	1	7	4	12
12	Mit Getränken und Gläsern kommt er wieder zurück.	6	4	10	1

Einleitung, Hauptteil und Schluss – Bildübergänge

3. Bild

4. Bild

S = Schluss

Hauptteil = Inhalt der Bilder und Bildübergänge.

Wohin passen diese Sätze?

Nr.	Satz	E	? (blau)	? (orange)	? (gelb)	S
		Feldzahl				
13	Der Mittelstürmer schießt den Ball ins Tor.	19	22	23	17	20
14	Er holt das Tablett aus der Küche.	24	21	13	14	22
15	Tom und Tinas Eltern sind ins Kino gegangen.	13	19	17	22	14
16	Vor Schreck lässt Tom das Tablett fallen.	20	15	22	18	17
17	Tom will Flaschen und Gläser auf den Tisch stellen.	17	24	15	21	19
18	Um Getränke zu holen, geht er in die Küche.	21	14	19	15	23
19	Das Buch gleitet Tina aus den Händen.	18	13	16	24	15
20	Das sollte Tom nie wieder passieren!	14	18	20	16	24
21	Aus dem Kühlschrank nimmt er zwei Flaschen.	23	20	24	13	16
22	Deswegen dürfen sie länger aufbleiben.	22	16	14	20	18
23	Die beiden Gläser stürzen auf den Boden.	15	17	21	23	13
24	Der Blumenstrauß rutscht aus der Vase.	16	23	18	19	21

Wörtliche Rede

Tina würde gerne ihr Buch weiterlesen, Tom dagegen interessiert sich nur für das Fußballspiel. Wer sagt das?

1 „Hoffentlich schießt der nicht vorbei."

2 „Das ist wirklich ein spannendes Buch."

3 „Heute Abend möchte ich das Fußballspiel sehen."

4 „Soll ich dir eine Flasche Apfelsaft mitbringen?"

5 „Achtung! Die Vase kippt um!"

6 „Mal sehen, was es im Fernsehen gibt."

7 „Bringst du mir auch ein Glas mit?"

8 „Pass auf die Gläser auf!"

9 „Das Spiel hat ja schon angefangen!"

10 „Von mir aus kann der Fernseher ausgeschaltet bleiben."

11 „Das ist ja ein spannendes Spiel!"

12 „Hast du wirklich nur Fußball im Kopf?"

Reihenfolge

Was passiert zuerst?

13

Die Rüben werden ____.

gekocht	17
gereinigt	24

14

Mutter ____ die Hemden.

wäscht	20
bügelt	14

15

Das Gras wird ____.

verfüttert	18
gemäht	22

16

Sabine ____ die Blumen.

pflückt	23
verschenkt	15

17

Die Ware wird ____.

ausgesucht	14
bezahlt	20

18

Kai ____ das Obst.

isst	16
erntet	21

19

Das Radio wird ____.

angeschaltet	13
ausgeschaltet	23

20

Stefan ____ seine Geldbörse.

findet	24
verliert	18

21

Ein Geschenk wird ____.

ausgepackt	22
verpackt	16

22

Franziska ____ die Schultür.

öffnet	19
schließt	13

23

Das Haus wird ____.

gebaut	21
geplant	17

24

Papa ____ das Auto.

beschädigt	15
repariert	19

Gefühle und Stimmungen

Welche Nomen bezeichnen Gefühle?

1
- Silbe 3
- Probe 9
- Liebe 6

2
- Unsicherheit 4
- Klugheit 12
- Handarbeit 8

3
- Vergiftung 6
- Enttäuschung 1
- Verschiebung 10

4
- Trauer 5
- Mauer 2
- Brauer 11

5
- Flüssigkeit 11
- Sparsamkeit 10
- Fröhlichkeit 7

6
- Blut 8
- Wut 3
- Brut 1

7
- Beklemmung 9
- Überlegung 5
- Rechnung 4

8
- Kreide 12
- Freude 11
- Rede 5

9
- Rüstung 1
- Richtung 7
- Hoffnung 2

10
- Flucht 7
- Furcht 8
- Frucht 9

11
- Stück 2
- Schluck 6
- Glück 12

12
- Ärger 10
- Jäger 4
- Schlager 3

Gute und schlechte Gefühle

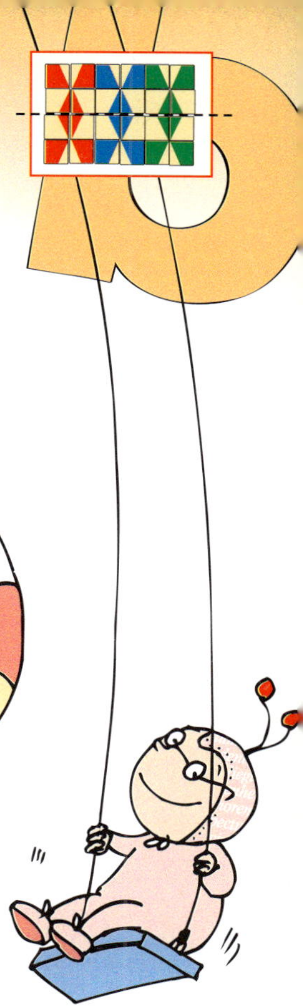

Sind das gute ☺ oder schlechte ☹ Gefühle?

13 freundlich — ☺ 17 — ☹ 21

14 heiter — ☺ 15 — ☹ 24

15 garstig — ☺ 20 — ☹ 13

16 fröhlich — ☺ 18 — ☹ 23

17 schwindlig — ☺ 13 — ☹ 22

18 böse — ☺ 19 — ☹ 14

19 lustig — ☺ 21 — ☹ 18

20 herzlich — ☺ 24 — ☹ 15

21 übel — ☺ 14 — ☹ 20

22 unwohl — ☺ 22 — ☹ 16

23 zufrieden — ☺ 23 — ☹ 17

24 zornig — ☺ 16 — ☹ 19

Treffendere Adjektive für gut, schön und toll

Suche ein anderes treffenderes Adjektiv.

1	ein	guter	Apfel	bequemer	23
2	ein	guter	Hund	lustiger	22
3	ein	guter	Sessel	saftiger	21
4	ein	guter	Clown	wachsamer	20
5	eine	schöne	Kette	fleißige	15
6	eine	schöne	Banane	knorrige	13
7	eine	schöne	Eiche	kostbare	17
8	eine	schöne	Biene	reife	19
9	ein	tolles	Kissen	aufregendes	14
10	ein	tolles	Eis	weiches	24
11	ein	tolles	Messer	leckeres	18
12	ein	tolles	Erlebnis	nützliches	16

Treffende zusammengesetzte Adjektive

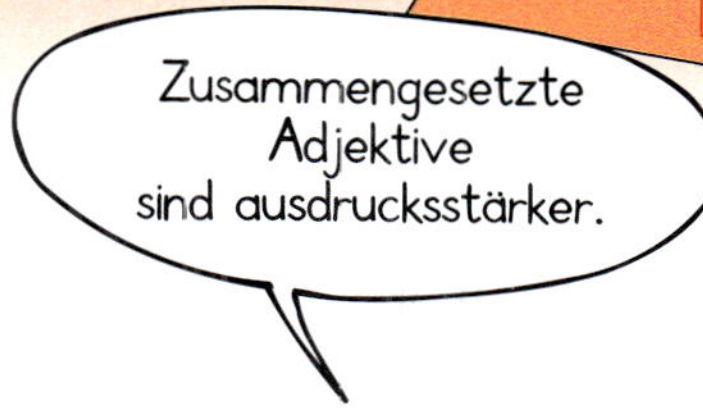

Wie heißt das treffende zusammengesetzte Adjektiv?

13

ein ____ Baum

14

ein ____ Wurm

15

ein ____ Brot

16

eine ____ Lampe

17

ein ____ Tuch

18

eine ____ Tasse

19

eine ____ Suppe

20

ein ____ Boxer

21

eine ____ Torte

22

ein ____ Ball

23

eine ____ Schlange

24

eine ____ Rakete

armdicke	4
baumstarker	3
blitzschnelle	5
butterweiche	6
federleichtes	2
feuerheiße	1
handgroße	12
kugelrunder	8
mondhelle	10
nudeldicker	7
steinhartes	11
turmhoher	9

Wortfeld „tun“

Was die Leute alles tun

Suche ein anderes treffenderes Verb.

1	Der Nachbar **tut** den Abfall in den Mülleimer.
2	Opa **tut** den Schnee vom Gehweg.
3	Fritzchen **tut** die Sticker in sein Heft.
4	Der Hausmeister **tut** die Tür zu.
5	Der Bäcker **tut** Zucker auf den Kuchen.
6	Die Lehrerin **tut** die Kerze aus.
7	Der Eierverkäufer **tut** die Eier vorsichtig in den Karton.
8	Der neue Schüler **tut** im Unterricht gut mit.
9	Die Tante **tut** Wasser ins Glas.
10	Frau Meier **tut** die Wäsche auf die Leine.
11	Marie **tut** ihre Arbeitsblätter in ihren Ordner.
12	Vater **tut** die Butter aufs Brot.

arbeitet	18
bläst	22
gießt	19
hängt	13
heftet	17
klebt	20
legt	16
räumt	21
schließt	24
streicht	15
streut	14
wirft	23

Wortfeld „machen“

Was Gabi und Lukas nach der Schule alles machen

backen	7
bauen	1
decken	12
erledigen	8
kochen	10
lösen	11
malen	5
putzen	6
reinigen	4
schalten	2
schreiben	3
stricken	9

13	Sofort **machen** sie den Tisch.
14	Dann **machen** sie Nudeln oder eine Suppe.
15	Nach dem Essen **machen** sie die Hausaufgaben.
16	Meistens **machen** sie zuerst die Rechenaufgaben.
17	Danach **machen** sie einen Übungstext oder Aufsatz.
18	Manchmal **machen** sie auch einen Kuchen.
19	Anschließend **machen** sie dann die Küche und das Bad.
20	Oft **machen** sie Bilder.
21	Gerne **machen** sie auch eine Ritterburg.
22	Für Mutters Geburtstag **machen** sie Strümpfe.
23	Bevor sie zu Bett gehen, **machen** sie ihre Zähne.
24	Zuletzt **machen** sie das Licht aus.

Wortfeld „gehen“ bei Tieren

Wie gehen die Tiere?

Finde das treffendere Verb.

1

Störche ____.

2

Hasen ____.

3

Schlangen ____.

4

Frösche ____.

5

Enten ____.

6

Elefanten ____.

7

Gämsen ____.

8

Hähne ____.

9

Eidechsen ____.

10

Seehunde ____.

11

Füchse ____.

12

Käfer ____.

hoppeln	8
hüpfen	11
huschen	9
klettern	1
krabbeln	2
kriechen	10
robben	4
schleichen	6
stelzen	12
stolzieren	5
trampeln	7
watscheln	3

Wortfeld „rufen“ bei Tieren

Wie rufen die Tiere?

bellen	21
blöken	18
brummen	16
gackern	19
grunzen	20
meckern	14
miauen	17
röhren	22
summen	15
wiehern	23
zirpen	24
zwitschern	13

13 
Pferde ______ .

14 
Hühner ______ .

15 
Hunde ______ .

16 
Grillen ______ .

17 
Ziegen ______ .

18 
Hirsche ______ .

19 
Vögel ______ .

20 
Schafe ______ .

21 
Bienen ______ .

22 
Schweine ______ .

23 
Katzen ______ .

24 
Bären ______ .

Treffende Nomen zum Thema „Wald“

Suche für die Sammelnamen
die dazugehörigen Einzelnamen.

1	In dem herrlichen Wald stehen viele **Laubbäume**.
2	**Nadelbäume** sind kaum vorhanden.
3	Tief im Innern des Waldes verstecken sich viele **Wildtiere**.
4	Denn es gibt hier genügend **Nahrung**.
5	**Vögel** musizieren von morgens bis abends.
6	**Insekten** surren durch die Luft.
7	An einigen Stellen wachsen **Kräuter**.
8	**Sträucher** säumen die Wege.
9	Manchmal ranken auch **Kletterpflanzen** an den Bäumen empor.
10	Mit etwas Glück kann man **Speisepilze** finden.
11	**Giftpilze** sollte man natürlich meiden.
12	Der Wald ist auch ein Arbeitsplatz für **Berufe**.

Buchen und Eichen	5
Efeu und Hopfen	1
Bärlauch und Waldmeister	10
Fichten und Kiefern	3
Finken und Meisen	7
Fliegenpilze und Knollenblätterpilze	12
Förster und Waldarbeiter	9
Holunder und Weißdorn	11
Maronen und Steinpilze	8
Mücken und Wespen	4
Pilze und Waldfrüchte	6
Rehe und Wildschweine	2

Treffende zusammengesetzte Nomen zum Thema „Weihnachtsfeier“

Wie heißen die treffenden zusammengesetzten Nomen?

13	Alle Kinder haben sich schon lange auf die **Feier** gefreut.
14	Ihr **Verein** hatte alle herzlich eingeladen.
15	Im **Heim** war alles festlich geschmückt.
16	Jeder hatte ein kleines **Paket** gepackt.
17	Oft waren darin **Autos** oder Schokolade.
18	Alle Geschenke kamen in einen großen **Sack** .
19	Dieser wurde dann unter den **Baum** gelegt.
20	Nach einer **Ansprache** gab es Kuchen und Kakao.
21	Danach packten alle **Mitglieder** ihre Pakete aus.
22	Dann gab es zur Abwechslung einige **Spiele** .
23	Wer die meisten **Fragen** beantworten konnte, hatte gewonnen.
24	Nach dem gemeinsamen Singen bekam jeder einen **Weihnachtsmann** .

Begrüßungsansprache	23
Freizeitheim	13
Papiersack	14
Quizfragen	24
Ratespiele	15
Schokoladenweihnachtsmann	20
Spielzeugautos	21
Sportverein	16
Überraschungspaket	18
Vereinsmitglieder	19
Weihnachtsbaum	22
Weihnachtsfeier	17

Reizwörter – Nomen

Welches Nomen passt am besten zu den beiden Reizwörtern?

1

Laubwald – Förster			
Fabrik	16	Rakete	17
Jagdhund	19		

2

Schreibtisch – Arbeitsheft			
Füller	21	Rutsche	13
Riesenrad	23		

3

Fahrrad – Luftpumpe			
Schulter	19	Sattel	24
Tomate	21		

4

Gebirge – Bergwald			
Hauptstadt	23	Gipfel	20
Schulzentrum	13		

5

Katze – Maus			
Beute	17	Beruf	19
Kaktus	24		

6

Schwimmbad – Rettungsring			
Computer	15	Rätsel	23
Bademeister	22		

7

Tasse – Teller			
Strecke	18	Kuchen	15
Turnhalle	14		

8

Balken – Säge			
Hobel	13	Regen	16
Rübenacker	22		

9

Pullover – Seidentuch			
Fleisch	20	Zeitung	14
Waschmittel	23		

10

Gewächshaus – Gemüse			
Reporter	24	Salat	18
Armband	17		

11

Badehose – See			
Wasser	14	Brief	22
Zauberer	19		

12

Erntefest – Kornähren			
Kinokarte	22	Flamme	21
Getreide	16		

Reizwörter – Adjektive

Welches Adjektiv passt am besten zu den beiden Reizwörtern?

13

Pferd – Reiter

lila 10 | schnell 7

eckig 3

14

Messer – Brot

scharf 9 | reich 8

wachsam 7

15

Kleister – Papier

ehrgeizig 8 | klebrig 11

misstrauisch 5

16

Heizung – Winter

treu 12 | lustig 6

warm 8

17

Garten – Erde

fruchtbar 3 | feige 9

besorgt 6

18

Liegestuhl – Terrasse

lieb 11 | bequem 12

gütig 9

19

Wasser – Waschmaschine

bissig 7 | zaghaft 1

sauber 4

20

Konzert – Trompete

mutig 2 | silbern 4

laut 1

21

Fußball – Spielfeld

ledern 5 | fleißig 3

verzweifelt 10

22

Weihnachtsmann – Schlitten

reich 1 | bärtig 10

tödlich 12

23

Motorrad – Kurve

gerade 4 | hell 5

gefährlich 2

24

Winter – Eis

kalt 6 | traurig 2

schmutzig 11

Reizwörter – Verben

Welches Verb passt am besten zu den beiden Reizwörtern?

1

Lehrerin – Wandtafel	
tauschen 12	schreiben 10
schwimmen 11	

2

Kühe – Weide	
flattern 7	greifen 6
grasen 12	

3

Ostern – Eier	
weinen 2	quietschen 5
suchen 7	

4

Hund – Schafe	
bewachen 9	drücken 4
flüstern 8	

5

Landwirt – Mähdrescher	
läuten 6	ernten 1
streiten 4	

6

Fensterscheibe – Tuch	
wischen 11	pfeifen 9
schneiden 2	

7

Radio – Sendung	
gießen 3	begraben 12
ausschalten 5	

8

Fuchs – Gans	
kochen 5	fangen 3
kichern 9	

9

Sterne – Nacht	
scheinen 8	fahren 11
bürsten 10	

10

Schiff – Matrose	
fliegen 10	schwimmen 2
wiegen 1	

11

Spaziergang – Blumen	
pflücken 4	lackieren 8
blitzen 3	

12

Eicheln – Herbst	
reiten 1	sitzen 7
sammeln 6	

Treffende Verben für „Geräusche machen“

Suche das treffende Verb.

13		Die Säge ______ .
14		Die Peitsche ______ .
15		Das Feuer ______ .
16		Die Glocke ______ .
17		Die Uhr ______ .
18		Der Donner ______ .
19		Das Meer ______ .
20		Das Laub ______ .
21		Das Wasser ______ .
22		Das Motorrad ______ .
23	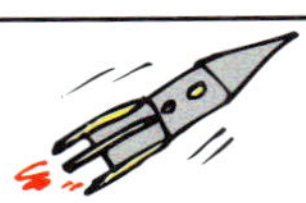	Die Rakete ______ .
24		Die Wurst ______ .

brutzelt	13
knallt	23
knattert	24
knistert	19
kracht	20
kreischt	21
läutet	22
raschelt	16
rauscht	17
tickt	18
tröpfelt	14
zischt	15

Stichwörter zum Thema „Sportunterricht“– Nomen

Welche Stichwörter passen zum Thema „Sportunterricht“?

1	Berghütte	3	Landschaft	21	Wettkampf	24	Taschengeld	8
2	Purzelbaum	22	Partnerdiktat	13	Baumrinde	8	Margarine	6
3	Feuerwehr	23	Bildstelle	16	Zeitschrift	5	Turnhose	19
4	Steuerrad	9	Urkunde	23	Westen	12	Fluggast	24
5	Handball	8	Patient	17	Lesestation	10	Windmühle	11
6	Schornstein	5	Sprechblase	7	Spielfeld	21	Erdgas	23
7	Religion	6	Sprossenwand	10	Familie	4	Wörterbuch	7
8	Kastanie	1	Roboter	3	Geldschein	18	Reck	12
9	Detektiv	18	Barren	20	Flachland	11	Werkstatt	16
10	Buchstabe	24	Museum	8	Handstand	7	Filter	10
11	Kletterstange	11	Klavier	22	Waldrand	13	Bundesland	3
12	Redensart	19	Himmel	14	Gegenstand	20	Mannschaft	9

Stichwörter zum Thema „Sportunterricht“– Verben

13	kochen	16	biegen	9	heften	6	gewinnen	18
14	regnen	10	schreiben	11	werfen	16	schmecken	20
15	spurten	14	bellen	2	wecken	15	reisen	13
16	besuchen	20	brennen	1	wachsen	14	turnen	17
17	wohnen	7	laufen	4	melken	23	blühen	1
18	schwingen	13	schälen	18	kaufen	19	basteln	4
19	tanken	21	füttern	12	zielen	3	fahren	22
20	zeichnen	15	mitspielen	6	bezahlen	17	pflanzen	5
21	verlieren	2	sparen	19	knarren	22	quaken	14
22	rosten	4	fressen	24	lesen	2	springen	15
23	schlafen	17	trainieren	5	donnern	9	wischen	2
24	kratzen	12	zerschneiden	15	kämpfen	1	falten	21

Sinnverwandte Nomen

Welche Nomen haben eine ähnliche Bedeutung?

1	Loch
Glanz	19
Kasten	14
Öffnung	3

2	Zweig
Krug	3
Ast	17
Raum	23

3	Nebel
Dunst	14
Pfütze	5
Schlamm	12

4	Scherz
Quelle	7
Witz	4
Zweifel	20

5	See
Teich	20
Schmutz	6
Gebirge	11

6	Glocke
Kiste	22
Fahne	9
Klingel	18

7	Ort
Riss	17
Stamm	13
Platz	24

8	Müll
Wolke	15
Abfall	10
Rübe	1

9	Menge
Masse	13
Rohr	2
Brief	5

10	Schachtel
Pforte	24
Karton	19
Dampf	2

11	Stange
Krach	4
Wind	15
Mast	9

12	Schale
Schüssel	23
Qualm	21
Ufer	22

Sinnverwandte Adjektive

Welche Adjektive haben eine ähnliche Bedeutung?

13	dunkel
grob	8
finster	16
albern	4

14	lustig
ehrlich	21
günstig	24
fröhlich	6

15	glatt
rutschig	2
scharf	8
falsch	13

16	eifrig
fett	18
offen	11
fleißig	15

17	klug
schlau	11
zäh	12
billig	14

18	brav
mühsam	9
artig	1
faul	17

19	eng
schmal	12
stark	3
mager	10

20	nett
spitz	6
frech	18
freundlich	21

21	still
trübe	1
leise	7
fest	19

22	kühn
mutig	5
störrisch	20
launisch	16

23	schnell
kurz	16
flink	22
eifrig	7

24	eisig
heftig	10
knapp	23
frostig	8

Treffendere Ausdrücke für „kaputt“

Suche den treffenderen Ausdruck für „kaputt“.

1

Der Ast ist **kaputt**.

2

Der Käse ist **kaputt**.

3

Die Butter ist **kaputt**.

4

Der Schirm ist **kaputt**.

5

Die Blume ist **kaputt**.

6

Der Kamm ist **kaputt**.

entzwei	geknickt	morsch	ranzig	undicht	verschimmelt
10	5	7	12	8	9

7

Der Spiegel ist **kaputt**.

8

Die CD ist **kaputt**.

9

Der Bleistift ist **kaputt**.

10

Der Apfel ist **kaputt**.

11

Der Strumpf ist **kaputt**.

12
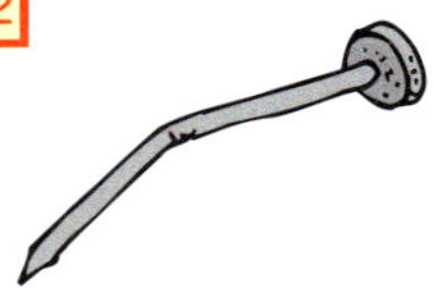
Der Nagel ist **kaputt**.

abgebrochen	durchlöchert	verbogen	verfault	zerbrochen	zerkratzt
11	2	4	6	3	1

Geschichten-Mix

Gartenarbeit  **oder Musizieren** ♪**?**

Zu welcher Geschichte gehören die Sätze?

13	20	Lisa spielt gerne Klavier.	19
14	14	Täglich übt sie zwei Stunden.	21
15	23	Sie beschäftigt sich gerne mit Blumen und Pflanzen.	13
16	17	Besonders Mozart hat es ihr angetan.	20
17	15	Dafür gräbt sie um und lockert den Boden auf.	22
18	24	Auch Unkraut jäten gehört dazu.	23
19	21	Dessen Musik ist leicht, beschwingt und fröhlich.	16
20	13	Besonders gerne aber pflückt sie Erdbeeren.	15
21	19	Zweimal pro Woche geht sie zum Unterricht.	17
22	22	Fast jede zweite Beere landet in ihrem Mund.	18
23	16	In der Schule hat sie auch schon vorgespielt.	14
24	18	Deswegen möchte sie noch ein weiteres Beet anlegen.	24

Zeiten

In welcher Zeit steht der Satz?

Nr.	Vergangenheit	Satz	Gegenwart
1	23	Der Sturm **wirbelte** die Blätter herum.	14
2	16	Viele Schirme **stülpt** er einfach um.	19
3	15	Hüte **fliegen** von den Köpfen.	21
4	24	Trockene Äste **fielen** von den Bäumen.	23
5	18	Strommasten **knicken** um.	16
6	20	Verkehrsschilder **wackelten** hin und her.	13
7	14	Dachziegel **fielen** herunter.	24
8	19	Offene Türen **schlagen** krachend zu.	18
9	22	Zahlreiche Schiffe **gerieten** in Seenot.	20
10	17	Laut **flattern** die Fahnen am Mast.	15
11	21	Antennen **werden** losgerissen.	17
12	13	Die Flugzeuge **bekamen** Startverbot.	22

Überschriften

Welche Überschriften passen zu den Sätzen?

13 Die Schlangen und Raubtiere waren im Dickicht nicht zu sehen.

14 Jedes Jahr hofften wir auf eine gute Ernte.

15 Als sie im Abenddunst die Küste sahen, waren alle sehr erleichtert.

16 Sie surften stundenlang von den USA bis Neuseeland.

17 Heute leben sie fast nur noch in Reservaten.

18 Der größte von ihnen wog etwa 130 Tonnen.

19 Täglich übte ich mehrere Stunden lang auf dem Sportplatz.

20 Durch die Rüstung waren sie vor Hieben und Stichen geschützt.

21 Fast jedes Konzert war ausverkauft.

22 Nur mühsam kämpften sie sich durch das ewige Eis.

23 In dem Koffer befand sich die gesamte Beute.

24 Zum Glück waren die Aufwinde stark genug.

Auf dem Weg zur Meisterschaft	2
Bei den Dinosauriern in der Vergangenheit	9
Das Leben eines Pop-Sängers	4
Die Herrschaft der Ritter	5
Detektiv Findig im Einsatz	6
Expedition durch den Dschungel	12
Floßfahrt über den Atlantik	10
Im Internet rund um die Welt	11
Mit dem Segelflugzeug unterwegs	3
Unser Leben auf der Farm	8
Unter Indianern in Nordamerika	1
Zum Südpol und zurück	7

Einladungsanlässe

Welche Anlässe kann es für eine Einladung geben?

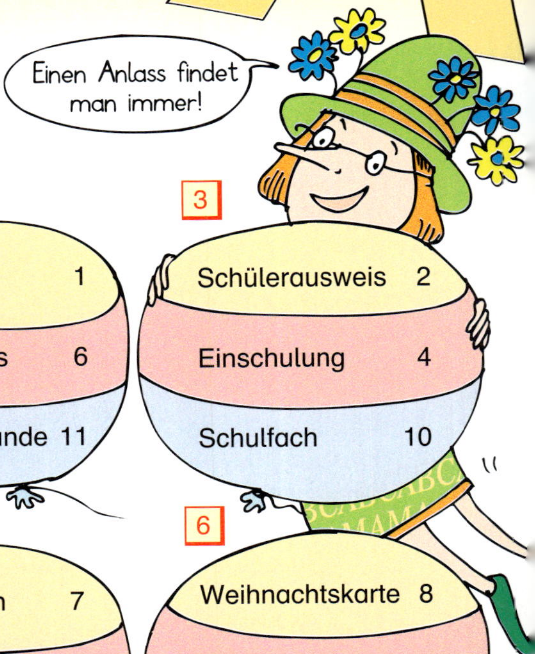

1
- Gartengrill 6
- Gartenparty 5
- Gemüsegarten 12

2
- Geburtstag 1
- Geburtshaus 6
- Geburtsurkunde 11

3
- Schülerausweis 2
- Einschulung 4
- Schulfach 10

4
- Osternest 10
- Osterhase 1
- Ostern 6

5
- Klassenbuch 7
- Klassenfeier 10
- Klassenzimmer 3

6
- Weihnachtskarte 8
- Weihnachtsmann 11
- Weihnachten 2

7
- Nachname 9
- Namensschild 12
- Namensfest 8

8
- Hochzeit 12
- Hochnebel 8
- Hochgebirge 4

9
- Kinderkarneval 3
- Schulkinder 7
- Kinderwagen 9

10
- Pfingstbaum 4
- Pfingsten 9
- Pfingstrose 5

11
- Kindstaufe 11
- Kindheit 3
- Einzelkind 1

12
- Richtigkeit 5
- Fahrtrichtung 2
- Richtfest 7

Einladung – Postkarte

Was gehört zu einer Einladungspostkarte?

13
- Ausrede 23
- Anzeige 17
- Anrede 18

14
- Grundstück 17
- Einladungsgrund 14
- Meeresgrund 20

15
- Unterschrift 16
- Unterstand 19
- Untergang 24

16
- Tagesbeginn 15
- Fahrplan 21
- Beginn der Feier 17

17
- Grüße 19
- Fremdwort 22
- Redezeit 13

18
- Stundenplan 20
- Dauerlauf 13
- Datum 15

19
- Vorschrift 18
- Anschrift 20
- Zeitschrift 16

20
- Urlaubsort 24
- Ort der Feier 23
- Arbeitsort 22

21
- Ortsausgang 14
- Geburtsort 18
- Ortsangabe 21

22
- Briefmarke 13
- Brieföffner 16
- Automarke 23

23
- Abkürzung 21
- Absender 24
- Radiosender 14

24
- Ende der Feier 22
- Endsilbe 15
- Wochenende 19

Satzanfänge

Suche den sinnähnlichen Satzanfang.

1 plötzlich	
langsam	21
allmählich	19
auf einmal	17

2 hier	
immer wieder	29
meistens	13
an dieser Stelle	15

3 bald	
vorher	22
in Kürze	14
des Öfteren	13

4 nun	
nach einiger Zeit	18
mehrfach	21
häufig	16

5 oft	
mehrmals	19
soeben	17
gestern	24

6 dann	
zu Beginn	14
anschließend	16
anfänglich	22

7 jetzt	
unweit	17
behutsam	24
augenblicklich	21

8 häufig	
sodann	15
wiederholt	23
nie	14

9 dort	
an jenem Platz	13
zur Zeit	20
nunmehr	16

10 zuerst	
danach	23
später	18
anfangs	20

11 immer	
unaufhörlich	24
zum Schluss	15
zunächst	23

12 schließlich	
dauernd	16
endlich	22
meistens	19

Satzumstellungen

Was Pia alles kann!

Welches ist der umgestellte Satz?

13 **Sie** ist in der Sportstunde meistens die Schnellste.

14 **Sie** verliert nur selten die Lust.

15 **Sie** gewinnt beim Sportfest fast immer.

16 **Sie** treibt deswegen gerne Sport.

17 **Sie** zeichnet außerdem sehr gut.

18 **Sie** kann am besten Menschen und Tiere zeichnen.

19 **Sie** geht daher regelmäßig in den Zoo.

20 **Sie** beobachtet die Zootiere mit viel Ausdauer.

21 **Sie** wird auch oft nach den Hausaufgaben gefragt.

22 **Sie** benötigt dafür aber nur wenig Zeit.

23 **Sie** eilt dann anschließend zum Sportverein.

24 **Sie** wird bestimmt einmal eine berühmte Sportlerin.

Anschließend eilt sie dann zum Sportverein. 12

Außerdem zeichnet sie sehr gut. 9

Bestimmt wird sie einmal eine berühmte Sportlerin. 8

Dafür benötigt sie aber nur wenig Zeit. 4

Beim Sportfest gewinnt sie fast immer. 1

Deswegen treibt sie gerne Sport. 6

In der Sportstunde ist sie meistens die Schnellste. 5

Menschen und Tiere kann sie am besten zeichnen. 2

Mit viel Ausdauer beobachtet sie die Zootiere. 11

Nur selten verliert sie die Lust. 3

Oft wird sie auch nach den Hausaufgaben gefragt. 7

Regelmäßig geht sie daher in den Zoo. 10

Gegensatz-Geschichte

Schreck am Abend

Suche das gegensätzliche Adjektiv.

1	Es sollte eigentlich ein **ungemütlicher** Abend werden.
2	Der **unbequeme** Fernsehsessel stand schon bereit.
3	Da schoss plötzlich ein **dunkler** Blitz durch das Zimmer.
4	Der Fernseher hatte einen **ungefährlichen** Kurzschluss ausgelöst.
5	Vater holte **unvorsichtig** eine Kerze aus dem Schrank.
6	Nur das **dicke** Streichholz konnte er im Dunkeln nicht finden.
7	Zum Glück wusste Benny, wo seine **schrottreife** Taschenlampe lag.
8	Er ging **schreckhaft** zum gegenüber liegenden Bücherregal.
9	Sachte glitt seine Hand über das **raue** Regal.
10	Plötzlich spürte er ein **hartes** Fell.
11	Es war sein **plumpes** Kätzchen Minka.
12	Es hatte sich auf das **wackelige** Regal geflüchtet.

bequeme	7
dünne	8
gefährlichen	12
gemütlicher	11
glatte	3
heller	4
nagelneue	1
ruhig	5
stabile	2
vorsichtig	10
weiches	9
zierliches	6